Der Weihnachtspapagei

erzählt

von James Krüss

illustriert

von Jutta Sailer

Ernst Klett Grundschulverlag
Leipzig Stuttgart Düsseldorf

Lese-Reihe für die Grundschule

herausgegeben von Horst Bartnitzky

Der Weihnachtspapagei

für das 3. und 4. Lesejahr

Gedruckt auf Papier aus
chlorfrei gebleichtem Zellstoff,
säurefrei.

1. Auflage 1 5 4 3 2 1 | 2001 00 99 98 97

Dieses Werk folgt der reformierten Rechtschreibung
und Zeichensetzung.
Alle Drucke dieser Auflage können im Unterricht nebeneinander
benutzt werden, sie sind untereinander unverändert.
Die letzte Zahl bezeichnet das Jahr dieses Druckes.

Umschlag: Heinz Schindele
Druck: Stuttgarter Druckerei GmbH, Stuttgart
ISBN 3-12-234454-8

Inhalt

1. Das kranke Kind 4

Von Amsterdam nach Volendam 5
Von Volendam nach London 10

2. Abenteuer in London 13

Der feine Pinkel 14
Reingelegt 21
Eine alte Dame und ein Polizist 28
Die Wette

3. Der lange Weg nach Amsterdam 42

Über den Kanal 43
Heimwärts 51
Von Volendam nach Amsterdam 58

Tipps und Anregungen 64

1. Das kranke Kind

Von Amsterdam nach Volendam

In einem schmalen Haus der Heerengracht in Amsterdam, vor dem die Kugel einer Glaslaterne nur trübes Licht gab, weil es neblig war, und vor dem auch vom Wasser der Gracht nicht das kleinste Blinken kam, in einem Zimmer oben unterm Treppengiebel, lag ein krankes Mädchen in geblümten Kissen.

Ein alter weißhaariger Arzt, der ihr den Puls genommen hatte, sagte gerade flüsternd zu der Mutter: „Sie will gar nicht gesund werden. Was hat sie, Mevrouw Visser?"

„Sie hat ihren Jantje verloren", sagte die Mutter.

„Und wer war Jantje?"

„Ihr sprechender Papagei."

„Soso", sagte der Arzt und wiegte seinen Kopf, „ein sprechender Papagei. Wenn ihr ein sprechender Papagei fehlt, dann muss man ihr einen beschaffen. Das sage ich Ihnen als Arzt und alter Freund des Hauses, Mevrouw. Leentje braucht Hilfe von außerhalb der Medizin. Ich werde ihr einen sprechenden Papagei beschaffen."

„Bringst du mir meinen Jantje wieder?", fragte ein dünnes Stimmchen aus dem Kissen.

Während die Mutter rasch ans Bett ging, murmelte der Arzt: „Verflucht, sie hat uns gehört. Wir haben zu laut gesprochen. Aber sie kriegt einen sprechenden Papagei von mir. So wahr ich Doktor van der Tholen heiße."

Der alte Arzt ahnte in diesem Augenblick noch nicht, wie schwierig es war, in Amsterdam, dazu kurz vor dem Weihnachtsfest, einen sprechenden Papagei zu bekommen. Sehr bald bekam er dann auch heraus, dass es um diese Zeit nur

einen Ort gab, an dem man sprechende Papageien kaufen konnte, nämlich London.
Doch um nach London zu kommen, musste man zu Schiff den Ärmelkanal mit seinen Winterstürmen überqueren; und für eine solche Fahrt war Doktor van der Tholen schon zu alt.
So fuhr er, in einer Kutsche mit zwei Pferden, zu seinem Neffen Pieter, einem etwas raubeinigen Segelschiffer, der in dem kleinen Ort Volendam an der Küste des Ijsselmeeres lebte.
In Volendam kamen an diesem Tag Schwaden muffig riechenden Nebels vom Meer her, die über den Deich und in die Häuser krochen, auch in das schmale Haus gleich hinterm Deich, in dem des Doktors Neffe Pieter wohnte. Als Doktor van der Tholen hier seinen Mantel mit dem Pelzkragen abgelegt hatte, sagte er hüstelnd: „Was für ein Nebelnest!“

„Aber ich mag's und tausch es nicht gegen dein Amsterdam, das ja im Augenblick auch Nebel hat“, sagte sein Neffe Pieter, ein Mann in den besten Jahren, mit Händen groß wie Teller und mit flachsfarbenen Haaren. Dieser Pieter rief nun ins Haus hinein: „Frau, mach uns einen starken Tee!“ Dann fragte er: „Was führt dich bei solchem Wetter nach Volendam, Onkel Henk?“
„Ich brauche einen sprechenden Papagei aus London, Pieter“, sagte Doktor van der Tholen . „Für ein schwer krankes Kind, dem so ein Papagei gestorben ist. Kriege ich keinen neuen Papagei, stirbt mir das Mädchen auch weg.“
„Und warum muss der Papagei aus London sein?“, fragte Pieter.
"Weil es in Amsterdam keinen gibt“, antwortete sein Onkel. „Meine Pferde haben sich auf der Suche nach einem sprechenden Papagei schon die Hufe dünn gelaufen.“ Der Arzt hob hilflos die Hände und ließ sie wieder sinken. „Leider ohne Erfolg.“
„Und du meinst, ich könnte nach London fahren und dir so einen Papagei besorgen?“, fragte Pieter.
Der Arzt nickte mit seinem weißhaarigen Kopf. „Das meine ich.“
„Daraus wird nichts.“ Pieter winkte mit hin- und herpendelndem Zeigefinger ab. „Es ist kein Wetter um über den Kanal zu fahren, Onkel Henk. Im Augenblick geht's nicht, weil Nebel ist und weil der Wind fehlt. Verzieht sich der Nebel aber, sind die Winterstürme da.“
Während Pieters Frau mit einem Tablett ins Zimmer kam und Tee und Tassen auf dem Tisch abstellte, sagte der Arzt: „Du musst doch nur eben über den Kanal rüber, Pieter. Was ist das schon?“

„Ich muss schräg über seine breiteste Stelle segeln, lieber Onkel Henk. Und schließlich muss ich ja auch zurücksegeln. Bei diesem verfluchten saukalten Wind, der einem die Ohren abbeißt."
„Pieter!", rief seine Frau vorwurfsvoll. Sie mochte es nicht, wenn ihr Mann grobe Ausdrücke gebrauchte. Dann lud sie die beiden Männer, die in Ohrensesseln saßen, an den Tisch und verließ das Zimmer.
Beim Tee, der stark und heiß war, verhandelten die beiden Männer weiter.
Der Arzt gebrauchte alle Tricks, die er im Umgang mit starrköpfigen Kranken gelernt hatte, um seinen Neffen zu der Fahrt zu überreden.
Der Segelschiffer aber, ein Dickkopf, blieb dabei, dass eine solche Reise zu gefährlich sei um diese Zeit. Das Postschiff nach London fahre ja augenblicklich auch nicht.

Schließlich, als der Arzt merkte, dass alle seine Finten bei dem Neffen nicht verfingen, rief er: „Willst du denn, dass das Mädchen stirbt?"
„So schnell stirbt es sicher nicht", antwortete Pieter. „Und weißt du denn, wie viele Männer schon ihr Leben lassen mussten, wenn sie im Winter über den Kanal gefahren sind?"
„Gut", sagte Doktor van der Tholen und erhob sich, „dann muss ich eben zu Säufer Adriaan gehen. Der fährt, wenn ich ihn gut bezahle."
„Zu Säufer Adriaan?" Nun erhob sich auch Pieter vom Tisch. „Du willst zu Säufer Adriaan gehn?" Er starrte seinen Onkel wütend an. Er wusste, dass er jetzt selber segeln musste, um zu verhindern, dass Säufer Adriaan fuhr. Denn Säufer Adriaan war ein Mann, der für Geld alles machte, nur um zu einem Glas Genever zu kommen. Für Geld hätte er sogar seine eigene Großmutter an den Teufel verkauft.
Um also zu verhindern, dass sein zu allem entschlossener Onkel den Säufer Adriaan über den Kanal schickte, murrte Pieter jetzt: „Du hast gewonnen. Ich fahre. Aber erst, wenn das Wetter danach ist. Bring mir morgen das Geld für den Papagei."
„Ich hab's schon bei mir", sagte eilfertig Doktor van der Tholen und zog das Geld mit Daumen und Zeigefinger aus einer Westentasche. „Hier." Er gab seinem Neffen ein Bündel Papiergeld. „Es sind zwanzig Pfund. Mit wem wirst du fahren?"
„Ich werd' versuchen Hein zu überreden", brummte Pieter. Dann zählte er das Geld nach und fragte: „So viel Geld für einen einzigen Papagei?"
„Für einen Papagei, der sprechen kann", antwortete sein Onkel. „Die Sprechlektionen, die das Tier bekommen hat, bezahlst du mit."

Von Volendam nach London

Am Abend dieses Tages, als der Pferdewagen den Doktor van der Tholen wieder nach Amsterdam zurückgebracht hatte, stand es um Leentje, das kranke Mädchen, schlimmer als zuvor. Als der Arzt ihr den Puls nahm, flatterte er heftig. Als er Leentjes Mutter besorgt mit einem Blick streifte, sah er, dass sie verweinte Augen hatte. Und als Leentje nun auch noch nach Jantje rief, wusste der Arzt sich keinen anderen Rat mehr, als mit gespielt ruhiger Stimme zu sagen: „Weihnachten, Leentje, hast du deinen Papagei."

Und seltsam genug: Von diesem Augenblick an besserte sich Leentjes Zustand so, dass sie am 14. Dezember, zehn Tage vor dem Heiligen Abend, sich zum ersten Mal im Bett wieder aufsetzen und essen konnte. „Weihnachten ist Jantje wieder da", sagte sie dabei. „Doktor van der Tholen hat es mir fest versprochen." „Ja", sagte die Mutter, während sie Leentje eine Haarsträhne aus der Stirn strich, „ja, Weihnachten hast du wieder einen Papagei."

Aber während sie das sagte, hörte sie draußen den Winterwind zwischen den Grachtenhäusern sausen und sie dachte: „Lieber Gott, lass die Segelschiffer zeitig genug von London wiederkommen. Mein armes Kind hängt alle Hoffnungen an einen Papagei."

Die Segelschiffer aber waren an eben diesem Tage, dem 14. Dezember, schon auf dem rauen Wasser unterwegs nach London. Pieter, Doktor van der Tholens Neffe, und sein Macker Hein, dem der Arzt nach der Rückkehr einen ansehnlichen Lohn versprochen hatte.

Die See war grob an diesem Tag, das Wetter stürmisch. Doch

machte das dem Schiff nichts aus. Es war eine einmastige, damals schon etwas altmodische Schaluppe deutscher Bauart mit breitem Bug und einem stumpfen Heck, auf dessen platte Außenwand ein Mädchenkopf gemalt war; denn die Schaluppe hieß „Marie von Volendam".

Die beiden Schiffer trugen Ölzeug und Südwester. Pieter stand am Steuer. Hein spielte Segelmaat.

Diesen Hein, einen der wohlgelittenen Käuze Volendams, mit Sommersprossen, rotem Haar und abstehenden Ohren, hatte Pieter aus guten Gründen mitgenommen; denn Hein konnte rudern, wriggen, Netze knüpfen, mit dem Wind segeln oder gegen ihn, Flaggen- und Lichtsignale geben, kurz, er konnte alles, was ein Fahrensmann so können muss. Vor allem aber konnte er, was Pieter ja in seinem Haus verboten war: fluchen.

Als er in der Frühe an Deck gekommen war, hatte er schon geflucht: „Potzmastkorbheckundbugnochmal, mit diesem mürben Kahn soll ich nach London schippern? Da hab' ich mir ja eine schön versalzene Suppe eingebrockt."
Als die ersten Brecher auf das Deck geklatscht waren, hatte er geflucht: „Kreuznasseselementnochmal, das kann ja heiter werden, wenn wir erst auf hoher See sind!"
Und nun, da sie auf hoher See waren und das Wasser nur so über das Deck hinlief, fluchte er: „Himmelwindundsturmnochmal, und das nennt dieser verfluchte Doktor, nur mal eben über den Kanal übersetzen! Landratten! Reden dusseliges Zeug daher und haben von Tuten, Blasen und Segelschiffen keine Ahnung!" Dann rief er Pieter zu: „Ich mach' einen Tee!", und verschwand unter Deck in die Kombüse.
Die Nacht, die diesem ersten Tag auf See folgte, war etwas ruhiger, sodass die Männer sich am Steuerruder ablösen und wechselweise schlafen konnten. Am nächsten Tage wurde der Wind wieder stärker. Doch machte es auch diesmal dem Schiff nichts aus. Wohl wurde die Schaluppe auf haushohe Wellenberge gehoben, wohl schoss sie in abgrundtiefe Wellentäler hinab; aber sie kam dabei vorwärts, denn der Nordostwind schob sie vor sich her. Und Hein und Pieter, den alten Fahrensleuten, machte der Wind so wenig aus wie der Schaluppe. Hein pfiff sogar und fluchte kaum.
„Wir haben ein Schweineglück mit diesem Winterwetterchen", sagte er.
Nach der zweiten, wieder etwas ruhigeren Nacht kam dann am Morgen schon die Küste von England in Sicht. Und beim Dunkelwerden segelten sie in die Mündung der Themse ein. Am folgenden Morgen waren die beiden in London. „Marie von Volendam" hatte sie sicher über den Kanal gebracht.

2. Abenteuer in London

Der feine Pinkel

Es war ein klarer, kalter Wintermorgen ohne Nebel, als Hein und Pieter auf den Themsekais, zwischen schwankenden beladenen Handkarren, quietschenden Pferdewagen und hoch getürmtem Stückgut in Säcken und Kisten, das auf dem Pflaster der Kais stand, der Innenstadt zusteuerten. Sie trugen beide blaue Kittel und Ballonmützen, aber unter den Kitteln dicke Schifferpullover, denn es war kalt.

„Wenn wir uns stadtfein machen, wird der Papagei nur teurer", sagte Pieter. „Geh'n wir als arme Schlucker, wird der Vogel billig."

Doktor van der Tholen hatte den beiden gesagt: „Geht in die Gegend der Brauereien. Eure Nase wird euch hinführen. Dort riecht es nämlich ekelhaft süßlich nach gedarrtem Malz. Wenn ihr da seid, fragt nach den Indern, die Papageien verkaufen. Und wenn ihr einen Papagei findet, dann feilscht und handelt um ihn. Bietet zuerst nur fünf Pfund. Zum Schluss dürft ihr bis zu zwanzig Pfund bieten." Der Ratschlag Doktor van der Tholens war gut gewesen. Doch hatte der Doktor vergessen, dass man in einer solchen Riesenstadt wie London die Brauereien nur riechen kann, wenn man in ihrer Nähe ist, nicht aber schon auf dem Piccadilly-Platz oder in der piekfeinen Regent Street, in der Regentenstraße.

„Trotz meines ausgeprägten Riechorgans kann ich nichts riechen", sagte Hein zu Pieter, als sie auf dem Piccadilly-Platz standen, wohin sie mit der Pferdestraßenbahn gefahren waren.

„Schnüffeln allein hilft hier nichts. Wir müssen jemand fragen. Aber weißt du, was Brauerei auf Englisch heißt?"

„Nee", sagte Pieter. „Keine Ahnung."
„Potzhefebierundmalznochmal, und was tun wir jetzt?" fragte Hein. „Soll ich etwa fragen: Wo, bitte, Bier, schnuff, schnuff?"
In diesem Augenblick fragte jemand hinter ihnen in ihrer Muttersprache. „Kann ich Ihnen vielleicht behilflich sein, Landsleute?"
Als die beiden Segelschiffer sich umdrehten, stand da ein junger Mann, der direkt aus einem Modejournal auf den Piccadilly-Platz geschneit zu sein schien. Er trug zu einer engen Hose Lackschuhe, die glänzten, eine seidene Halsbinde im Ausschnitt einer seidenen Weste unter einem tadellos sitzenden Rock und einen gleichfalls glänzenden Zylinder, unter dem dichtes Haar vorquoll.

Ein piekfeiner Pinkel, dachte Hein. Pieter aber dachte nur: Endlich einer, der uns helfen kann. Dann sagte er: „Wir brauchen einen sprechenden Papagei, Mijnheer. Für ein krankes Mädchen. Das stirbt uns einfach weg, sagt mein Onkel, wenn es keinen sprechenden Papagei bekommt. Und mein Onkel, der Doktor van der Tholen, müssen Sie wissen, ist Arzt. Die Sache..."

„Moment." Der elegante junge Mann unterbrach den Segelschiffer. „Sie wollen einen sprechenden Papagei käuflich erwerben? Jetzt? Kurz vor Weihnachten? Unmöglich!"

Der junge Modemann ließ einen glänzend schwarzen Stock mit silbernem Knauf ruckartig durch die Hand nach oben gleiten, fasste ihn dann am unteren Ende an und tippte mit dem Knauf dem Pieter auf die Schulter. Dabei sagte er: „Mein lieber Mann, wenn Sie nach London gekommen sind um einen sprechenden Papagei zu erwerben, dann sind Sie umsonst gekommen. Ich kenne mich aus. Wir handeln nämlich mit Tieren. En gros. Von schwarzen Pantern bis zu weißen Mäusen. Fantastisch!"

„Potzraubtierbestienundviechereinochmal!", rief Hein.

„Von schwarzen Pantern bis zu weißen Mäusen. Fantastisch!"

„Es ist ein Geschäft wie jedes andere auch", sagte, leicht pikiert, der junge Mann. „Und da ich über die Geschäfte orientiert bin, weiß ich, dass sprechende Papageien nicht zu haben sind. Es sei denn..."

„Es sein denn?", fragten Hein und Pieter und stießen mit den Köpfen vor wie Tauben. „Es sei denn?"

„Es sei denn", sagte, die Wörter lang ziehend, der junge Mann, „Sie gingen zu den Indern in das Brauereiviertel. Dort werden solche Papageien illegal verkauft."

Pieter wollte gerade erklären, dass sie zu eben diesen Indern unterwegs seien, als Hein ihn heimlich anstieß und fragte: „Was kosten denn die Papageien bei den Indern?“
„Sie sind sehr teuer“, sagte, wieder gedehnt, der junge Mann. Nach einem flinken, abschätzenden Blick fügte er hinzu: „Zehn Pfund werden Sie anlegen müssen.“
„Zehn Pfund? Mehr nicht?“, rief Pieter: „Mein Onkel Henk sagt, dass…“
„Dein Onkel Henk hat gesagt, dass wir höchstens acht Pfund ausgeben dürfen“, unterbrach ihn Hein und stieß ihn wieder heimlich an.
Jetzt sprach der junge Mann plötzlich lebhafter als zuvor. „So zwischen acht und zehn Pfund lässt das Geschäft sich machen“, sagte er.
Dann rief er: „Droschke!“, wedelte mit seinem Stock in der Luft herum und sagte, als eine Pferdedroschke knarrend und quietschend neben ihnen hielt: „Nach Ihnen, meine Herren. Steigen Sie ein.“
Erst als Hein und Pieter in der Droschke saßen, stieg auch er ein und rief dem Kutscher auf Englisch zu: „Zu den Vogelhändlern!“
Während der Fahrt, bei der der Kutscher, wenn er anderen Droschken ausweichen musste, noch lauter und noch länger fluchte als Hein, unterhielt der junge Mann die beiden Segelschiffer mit Schnurren und Schwänken aus seinem Geschäftsleben. Er erzählte, wie er einem Lord eine weiße Giraffe verkauft habe, die in dem Zimmer seiner Lordschaft mit geducktem Kopf herumlaufen müsse. Er berichtete, wie ein Schneeleopard aus seinem Käfig ausgebrochen sei und die halbe Stadt in Angst und Schrecken versetzt habe. Und er wusste von sprechenden Papageien so komische Geschich-

ten zu erzählen, dass die Segelschiffer sich vor Lachen bogen und der Kutscher mitlachen musste, obwohl er kein Wort verstand.
Dann hielt die Droschke und Hein und Pieter konnten riechen, wo sie waren. Es roch süßlich. Sie waren im Viertel der Brauereien. Linkerhand sahen sie hier, vor einer Häuserreihe, in der alle Häuser einander gleich waren, viele, viele Käfige mit Zeisigen, Kanarienvögeln oder Dompfaffen. Zwischen den Käfigen standen dick vermummte Vogelhändler, die sich über der Glut offener Kohlenbecken die Hände wärmten. Auch die Vögel schienen von der Glut der Becken mit erwärmt zu werden. Papageien sahen sie nicht.
Als der Droschkenkutscher hier sechs Schillinge für die Fahrt forderte und der junge Mann dies dem Pieter übersetzte, zögerte der. Er hatte sich die Geldscheine seines Onkel nämlich vor der Abreise bei einem Wechsler in eine Zwanzig-Pfund-Note umwechseln lassen, damit er das Geld leichter verstecken könne. Und nun wollte er diesen großen Schein nicht zeigen. Aber Hein, der davon nichts wusste, rief: „Nun zahl schon, damit wir endlich zu den Papageien kommen."
Da nahm Pieter seine Ballonmütze ab und holte aus einem Versteck im Futter die Zwanzig-Pfund-Note heraus. Doch als er sie dem Kutscher gab, machte der große Augen, guckte den ärmlich gekleideten Pieter misstrauisch an und zuckte mit den Schultern.
„Er kann nicht wechseln", sagte der junge Mann. „Aber das ist keine Affäre. Wir haben hier ein kleines Büro. Ich wechsle Ihnen die Note rasch. Warten Sie einen Augenblick."
Ehe Pieter, ein langsamer Denker, begriffen hatte, um was es ging, hatte der junge Mann ihm die Zwanzig-Pfund-Note behend aus den Fingern gezogen. Nun stieß er rasch den

Droschkenschlag auf, sprang hinaus, rief noch einmal „Warten Sie!“, und verschwand in einem Gässchen, das sich zwischen den Häusern auftat.
Als der seehundsbärtige Kutscher sich stirnrunzelnd zu den beiden Segelschiffern umdrehte, klopfte Hein ihm auf die Schulter und sagte: „Keine Angst, Macker, du kriegst dein Geld. Junge Herrchen in so schicker Schale sind ja gewitzt.“
Als aber immer mehr Droschken hinter ihnen halten mussten, weil hier Gegenverkehr herrschte, und als die Kutscher dieser Droschken immer lauter zu schreien und zu fluchen anfingen, wurde es den beiden Segelschiffern langsam mulmig und Hein sagte: „Ich guck' mal nach dem jungen Herrn.“

Er sprang hinaus aus der Droschke und Pieter, der jetzt sehr aufgeregt war, sah ihn in der kleinen Gasse verschwinden. Schon wollte auch Pieter aus der Kutsche hinausspringen, als mit den Armen fuchtelnd, Hein wieder erschien und schrie: „Potzdrecksfeinerherrmitzylindernochmal, da ist gar kein Büro! Der Kerl hat uns beklaut!"
Jetzt war mit einem Satz auch Pieter auf der Straße. Dem Kutscher aber wurde die Sache zu bunt. Er pfiff auf sein Geld und rasselte davon. Die anderen Kutschen folgten ihm.

Reingelegt

Da standen Hein und Pieter nun in der Straße der Vogelhändler, den süßlichen Malzgeruch in der Nase und frierend in der kalten Luft, und guckten dumm.
„Potzlackaffeundzwanzigpfundnochmal!", rief Hein. „Was sind wir zwei doch für dämliche Töffel vom Lande: Tragen drei Tage und drei Nächte lang zwanzig schöne englische Pfund über den Kanal und lassen sie uns in der ersten halben Stunde in London schon wieder klauen. Hast du noch anderes Geld bei dir, Pieter?"
„Ein paar Gulden von der Ostindischen Kompanie", sagte Pieter kleinlaut.
„Hab' ich auch", sagte Hein. „Lass sie uns zählen. Am besten in der kleinen Gasse da, in der unser schönes Geld verschwunden ist. Da guckt uns keiner zu."
Sie überquerten die Straße, knapp vor zwei Droschkenpferden, die sie fast überrannt hätten und deren Kutscher sie zur Hölle wünschte, und liefen dann in die kleine Gasse hinein. Hier stellten sie sich ins Halbdunkel unter einen Torbogen, holten die Gulden aus ihren Taschen, zählten sie, rechneten sie in englische Pfunde um und stellten fest, dass sie nicht ganz drei Pfund besaßen, bei weitem nicht genug um einen sprechenden Papagei kaufen zu können.
Und wieder ist es seltsam, dass in diesem Augenblick, in dem die beiden Segelschiffer sozusagen mit hängenden Ohren unter dem dunklen Torbogen eines Gässchens in London standen, nicht wissend, was sie nun beginnen sollten, das kranke Mädchen in Amsterdam einen Rückfall bekam. Doktor van der Tholen, der gerade bei ihr war, murmelte, als er

ihren wieder flatternden Puls wahrnahm: „Hoffentlich geht in London alles gut. Zwei tapsige Seebären in einer großen Stadt, die voller Gauner ist, das ist ja immer ein Risiko. Nur gut, dass ich Pieter wenigstens die Adresse meines alten Freundes mitgegeben habe. Doktor Wimsley wird schon helfen, wenn was schief geht. Ah!“ Der Arzt hörte auf zu murmeln und rief: „Der Puls festigt sich wieder. Brav, Leentje, brav!“

Und genau in diesem Augenblick – sollen wir es wieder seltsam nennen oder ist's vielleicht natürlich? – genau in diesem Augenblick, in dem der Puls des kranken Mädchens wieder regelmäßig klopfte, zog Pieter unter dem Torbogen in London aus den scheinbar unergründlichen Tiefen seines Mützenfutters einen Zettel heraus und sagte: „Hier ist die Adresse von einem englischen Arzt, die Onkel Henk mir mitgegeben hat. Wie gut kannst du lesen, Hein?“

„Zahlen kann ich lesen“, sagte Hein. „Mit den Buchstaben steh' ich auf Kriegsfuß.“

„Ich auch“, sagte Pieter. „Was nun?“

„Jetzt gucken wir erst einmal, ob es hier überhaupt Papageien gibt“, antwortete Hein. „Dann fragen wir, was sie kosten, und dann lassen wir uns erklären, wo dieser Doktor wohnt.“

Die Bestimmtheit, mit der Hein redete, ließ auch Pieter wieder etwas zuversichtlicher werden. Er steckte den Zettel mit der Adresse des Arztes in seine Kitteltasche. Dann setzten beide ihre Ballonmützen etwas schräg um städtischer auszusehen, und gingen zu den Vogelhändlern.

Hier gab es wirklich Papageien. Doch waren sie der Kälte wegen in den Häusern. Ein Händler, der die beiden an ihrem kümmerlichen Schifferenglisch als Seeleute erkannte, führte sie in ein Haus und sagte, das Seemannsenglisch imitierend:

„Ich haben lauter Papageien, die gut sein für Schiff. Hier schöne Gelbkopfamazone. Sehr billig. Vier Pfund."
Ein grüner Papagei mit gelbem Kopf und etwas Rot und Blau unter den Flügeln blickte sie aus schwarzen Knopfaugen an und krächzte.
Hein sagte: „Wenn kann sprechen, dann wir nehmen sofort."
„Sprechen?", fragte der Händler und musterte die beiden erstaunt. „Ihr wollte Papagei, der sprechen? Ha!" Der Händler warf seine Arme in die Luft. „Das is ganz ander Ding. Kommen mit."
Er führte die beiden Segelschiffer drei Häuser weiter zu einem braunhäutigen Händler, dem er – auf die beiden zeigend – unglaublich rasch etwas erklärte, und zwar mit Mund und Händen zugleich. Dann verschwand er, Hein und Pieter noch einmal zunickend, so rasch, wie er geredet hatte. Der braunhäutige Händler war ein Indonesier, der Holländisch sprechen konnte. Er fragte die beiden, ob sie eine bestimmte Art von sprechendem Papagei haben möchten. Er hätte im Augenblick nämlich nur einen da, eine Papageienfrau, die auf den Namen Annetje höre.
„Annetje?", rief Hein. „Kreuzloraundpapageinochmal, das ist ja fabelhaft! Wir brauchen nämlich Ersatz für einen Jantje."
Ehe der Händler hierzu etwas sagen konnte, krächzte es aus einer Ecke:
„Kreuzloraundpapageinochmal, Ersatz für einen Jantje."
Als Hein und Pieter ihre Köpfe wandten, guckte ein Papagei mit schrägem Kopf sie an und sagte: „Kauft mich! Kauft mich. Kauft mich!"
Es war eine schöne gelb geschnäbelte Papageienfrau, die grüne Flügel und auf dem Kopf ein schwarzes Käppchen hatte, sonst aber von herrlichem Dunkelrot war.

„Das ist unsere Annetje", sagte der Händler. „Ein Schwarzkappenlori. Spricht Holländisch. Vierzehn Pfund." „Vierzehn Pfund?" Hein und Pieter fuhren herum. „Vierzehn Pfund?" Sie dachten an die drei kümmerlichen Pfund, die sie besaßen, und ließen die Köpfe hängen.
Der Händler merkte, dass der Preis den beiden zu hoch war, und fragte: „Was können Sie zahlen, Mijnheeren?"
„Drei Pfund", sagte Hein kleinlaut, und dann erzählte Pieter wieder einmal die ganze Geschichte vom toten Papagei, vom kranken Mädchen, von Doktor van der Tholen, von der Fahrt über den Kanal, von dem fein gekleideten jungen Mann und von dessen gar nicht feinem Diebstahl.
„Und nun stehen wir hier", sagte Pieter, ohne zu fluchen, „und haben nur noch drei Pfund und die Adresse von einem englischen Doktor in der Tasche."

„Was ist das für eine Adresse?", fragte der Händler.
Pieter zeigte sie ihm, worauf der Händler mit den Schultern zuckte. „Reich kann dieser Doktor nicht sein", sagte er. „Denn er wohnt in der Armengegend. Nur drei Straßen weiter. Trotzdem sollten Sie zu ihm hingehen, Mijnheeren. Vielleicht kann er Ihnen helfen. Ich kann es leider nicht; denn für drei Pfund kann ich keinen sprechenden Schwarzkopflori verkaufen."
Eben wollte der Händler den beiden den Weg zu Doktor Wimsley, dem alten Freund Doktor van der Tholens, erklären, als es aus der Ecke krächzte: „Wetten! Wetten!"
„Wetten?", fragte Pieter und sah erst den Papagei und dann den Händler an. „Um was sollen wir denn wetten? Und mit wem?"
Der Händler lachte und sagte: „Unsere Annetje meint, dass Sie, Minjnheeren, mit Ihren letzten drei Pfund wetten könnten. Um so vielleicht zu vierzehn Pfund zu kommen, mit denen Sie Annetje dann kaufen könnten. In England kann man ja um alles und jedes wetten."
„Und um was wetten wir zum Beispiel?", fragte Hein unternehmungslustig und rückte mit einem Zeigefinger seine Ballonmütze etwas schräger.
„Um gar nichts", gab ihm Pieter in sehr bestimmtem Ton zur Antwort. „Erst einmal suchen wir den alten Doktor auf. Wenn alle Stricke reißen, können wir immer noch wetten. Aber ich hab' was gegen Wetten. Weil der Verlierer hinterher immer so traurig ist."
„Aber so ist das Leben nun einmal", sagte lächelnd der Händler. „Gewinner kann es nur geben, wenn es auch Verlierer gibt." Dann erklärte er den beiden Segelschiffern den Weg zu Doktor Wimsley und wünschte ihnen Glück.

„Den Papagei reserviere ich Ihnen bis morgen Nachmittag", sagte er.
Als Hein und Pieter den Vogelhändler verließen, krächzte der Papagei ihnen aus der Ecke nach: „Viel Glück! Viel Glück! Auf Wiedersehn!"
Aber das Glück, das der Papagei den beiden Segelschiffern gewünscht hatte, war ihnen, schien es, gar nicht hold; denn obwohl Doktor Wimsley nur drei Straßen weiter wohnte, verliefen die beiden sich in Nebenstraßen, verhaspelten sich in engen Gässchen, kamen immer wieder in eine Straße mit Trödlern zurück und standen am Ende wieder in der Straße der Vogelhändler.
Der Indonesier, der gerade vor der Tür seines Lädchens stand, begrüßte sie erfreut: „Nun, Mijnheeren, haben Sie das Geld bekommen?"
„Nein", sagte Pieter, „wir haben..."
„...uns verlaufen", ergänzte Hein. „Potzstraßenundgassengewinkelnochmal, haben Sie nicht jemanden, der uns zu diesem Doktor hinführen kann? Wir sind nämlich beide keine Stadtleute."
„Moment." Der Händler pfiff auf seinen Fingern und rief: „Tony!"
Hierauf erschien in der Tür des Nebenhauses ein hübscher schwarzer Junge, vielleicht vierzehn Jahre alt, und fragte, was es gäbe. Dem erklärte der Händler, wohin er die beiden Herren zu führen habe. Er fügte hinzu: „Du kannst Holländisch mit ihnen sprechen."
Diesem Jungen namens Tony, der Holländisch sprechen konnte, weil er aus Surinam, der holländischen Kolonie in Südamerika, stammte, folgten nun die beiden Segelschiffer. Tony plapperte dabei, froh, wieder einmal Holländisch

reden zu können, ohne Punkt und Komma. Er erzählte, dass sein Onkel Vogelfänger wäre und dass er mit dem immer nach London reisen dürfe, dass es in Surinam niemals so kalt sei wie in London, weil Surinam ja in den Tropen liege, und er erzählte von den Papageien, die bei ihm zu Hause auf den Bäumen säßen.
„Potzsurinamundtropenbaumnochmal, dann gibt es bei euch in Surinam die Papageien umsonst?“, fragte Hein.
“Ja, Mijnheer“, sagte Tony. „Man muss sie nur fangen können wie mein Onkel. Und hier ist das Haus mit der Nummer achtundzwanzig. Hier soll ich Sie abliefern.“
„Danke, mein Junge“, sagte Pieter. Und Hein gab ihm ein Trinkgeld in holländischen Münzen. „Für Surinam“, sagte er. Dann stiegen die beiden Segelschiffer zwischen eisernen Schnörkelgittern ein paar Stufen hinauf und zogen am Griff einer Glocke.

Die alte Dame und ein Polizist

Aus dem Hausinnern war nur ein schwaches Läuten zu vernehmen. Doch öffnete sich gleich darauf die Tür und ein Mädchen in weißgrau gestreiftem Kleid mit weißen Manschetten und einer weißen Schürze wurde sichtbar. „Guten Tag. Wir Freunde von Doktor Wimsley", sagte Hein. „Wir sein aus Holland."

„Aus Volendam", fügte Pieter hinzu. „A moment, please", sagte das Mädchen und Hein übersetzte leise: „Einen Augenblick, bitte, hat sie gesagt."

Das Mädchen verschwand im Haus, kam aber rasch wieder und lud Hein und Pieter ein ins Haus. Sie folgten ihr durch eine dunkle Diele in ein herrlich warmes Zimmer mit hohen Fenstern, vor denen gefältelte weiße Gardinen hingen.

Im Zimmer saß in einem Ohrensessel eine ältere Dame, die sie auf Holländisch bat näher zu treten. „Ich muss leider sitzen", sagte sie. „Meine Beine wollen nicht mehr so, wie ich gern will. Setzen Sie sich, setzen Sie sich, Mijnheeren. Was darf ich Ihnen anbieten? Einen Genevergrog?"

„Das wäre prächtig!", rief Hein. „Ich bin ein Eisblock, potz..."

Pieter schnitt dem Hein den Fluch ab, indem er sagte, er hätte gleichfalls gerne einen Grog.

Also bestellte die alte Dame bei ihrem Mädchen drei Gläser Grog. Dann wandte sie sich den beiden Segelschiffern zu und sagte: „Sie müssen sich nicht wundern, dass ich Holländisch spreche. Ich bin gebürtige Holländerin."

„Nach unseren Erfahrungen spricht halb London Holländisch", sagte Hein. „Es sollte mich nicht wundern, wenn der Doktor Wimsley auch Holländisch spricht."

Aber da winkte die alte Dame ab. „Mein verstorbener Mann sprach nur sehr kümmerlich Holländisch", sagte sie.
„Verstorben?" Hein und Pieter ruckten wieder taubenartig mit den Köpfen vor. Dann sagte Hein leise: „Doktor Wimsley ist also tot. Das weiß Doktor van der Tholen noch nicht."
„ Sie kommen vom lieben alten van der Tholen?", rief Doktor Wimsleys Witwe. „Wie geht's ihm denn? Was macht er? Erzählen Sie!"
Während das Mädchen drei dampfende Grogs mit Glasstäbchen zum Umrühren brachte und Witwe und Segelschiffer davon tranken, erzählte Pieter von seinem Onkel, und natürlich erzählte er auch die Geschichte von Leentje, dem kranken Mädchen, von der Fahrt über den Kanal, vom Diebstahl der Zwanzig-Pfund-Note und von dem schönen Papagei, den sie jetzt aus Geldmangel leider nicht kaufen könnten.
„Leider kann ich Ihnen da auch nicht helfen", sagte die Witwe. „Ich muss ja jetzt auskommen mit dem, was ich habe. Ich kann ja keine Kranken kurieren. Aber ein bisschen möchte ich Ihnen doch helfen. Warten Sie."
Die alte Dame holte hinter ihrem Rücken eine Handtasche vor, öffnete sie, entnahm ihr eine Geldbörse und der Geldbörse drei Pfundnoten. Die reichte sie Pieter. „Jetzt haben Sie wenigstens schon sechs Pfund", sagte sie dabei.
Und mit immerhin schon sechs Pfund in der Tasche fuhren Hein und Pieter bald darauf in der Pferdestraßenbahn durch das nun schon nächtliche London und zwischen den Spalieren strahlender runder Gaslaternen hinunter zu den Themsekais.
Auf dieser Fahrt fragte Pieter den Hein (und es hörte sich wegen des ruckelnden Wagens so an, als ob er stotterte):

„G… G… Glaubst du, dass Leentje w… w… wirklich stirbt, wenn wir ihr k… k… keinen sprechenden Papagei b… b… bringen?“
Hein antwortete: „D… D… Das gibt’s, Pieter. Denk an Kees M… M… Martema, den F… F… Friesen, der neben uns gew… w… wohnt hat. Als dessen F… F… Frau gestorben ist, an einem M… M… Mittwoch, da ist er gleich hinterher gestorben, an einem F… F… Freitag.“
Außerdem, fügte Hein hinzu, müsse man bedenken, dass das Mädchen Leentje den ganzen Tag allein wär. Ihr Vater sei ja tot und die Mutter müsse arbeiten gehn. „D… D… Da braucht sie wen, und sei’s ein Papagei.“
Wenig später stiegen die beiden aus der Straßenbahn aus. Als sie dann zu den Themsekais kamen – es war von der Straßenbahnstation noch ein gutes Stück Wegs, und teilweise war es so dunkel, dass sie über Pflastersteine stolperten –, als sie zu den Themsekais kamen, sahen sie zu ihrem Schrecken, dass jemand sich auf ihrem Schiff zu schaffen machte.

Sie sahen es, weil ihre Schaluppe hinter einem Segelschiff lag, das mit Petroleumlampen erleuchtet war.
„Potzschurkeundpiratnochmal", fluchte Hein halblaut, „da will uns jemand beklauen. Fangen wir ihn von zwei Seiten her, Pieter: Du vom Bug her, ich vom Heck. Aber schön leise."
Die beiden schlichen, beleuchtete Stellen vermeidend, über das Segelschiff zur Reling an der anderen Seite, schwangen sich über die Reling auf ihre Schaluppe, schlichen von zwei Seiten auf den Mast zu, unter dem die schattenhafte Figur sich bewegte, sprangen gleichzeitig vor; und dann, als die Figur eine längliche Waffe gegen sie erhob, gab Hein ihr mit seinen Pranken zwei solche Ohrfeigen, dass sie auf das Deck niedersackte und hier liegen blieb.
Da beugten Hein und Pieter sich nieder um zu sehen, wer sich da auf ihr Schiff geschlichen habe, und richteten sich entsetzt wieder auf: Pieter hatte einen Hafenpolizisten niedergeschlagen.
„Potzknüppelhelmunduniformnochmal", fluchte Hein, „jetzt kommen wir auch noch in das Gefängnis."
„Und Leentje kriegt keinen Papagei", sagte Pieter.
„Außer", sagte Hein und macht eine listiges Gesicht, „außer, wir werden mit diesem Polizisten gut Freund. Tragen wir ihn in die Kajüte, brauen wir ihm einen schönen steifen Grog und erzählen wir ihm, warum wir hier in London sind. Das wird uns retten."
„Hoffen wir's", seufzte Pieter.
Dann trugen die beiden den bewusstlosen Hafenpolizisten beim Schein einer rasch entzündeten Petroleumlampe über die enge steile Leiter hinunter in die Kajüte, betteten ihn gekrümmt auf das kleine Ecksofa, machten in der Kombüse auf

einem Petroleumkocher Wasser heiß, taten in drei Gläser Rum und Zucker hinein und wollten gerade das heiße Wasser darauf gießen, als aus der Kajüte ein gurgelndes Geräusch kam. Es hörte sich an wie „Ngggööö... rrrööö... grrr... güüü..."

Da rannte, während Hein gelassen die drei Grogs bereitete, Pieter in die Kajüte zurück und rief hier im schönsten Seemannsenglisch: „Wie geht Ihnen, Sir? Ich Sie getun sehr weh? Bitte um Verzeihung. War groß Irrtum."

Die Gestalt auf dem Sofa machte „aaa... ooo... uuu... grrr... güüü... graaa... ", fasste sich an die Stirn, wollte sich aufrichten, sackte aber wieder auf das Sofa zurück und stöhnte erneut.

Nun kam auch Hein in die Kajüte, die sich sogleich mit dem Aroma des dampfenden Grogs zu füllen begann, und der Polizist brachte endlich ein Wort heraus, wenn auch ein sehr unanständiges.

„Potzbesenmastundfocksegel, er lebt", sagte Hein. Dann ging er mit dem Grogglas zum Sofa, richtete mit einer Hand den Kopf des Polizisten auf und träufelte ihm mit der anderen vorsichtig etwas Grog zwischen die Lippen.

Aber sei es nun, dass der Grog zu heiß war, sei es, dass der Polizist ihn nicht mochte: Er fuhr jedenfalls mit einem Fluch vom Sofa auf; Hein schüttete, ohne es zu wollen, Pieter den heißen Grog ins Gesicht; Pieter schrie, der Polizist brüllte und Hein rief: „Potzgrogundpolizeinochmal, wären wir doch bloß in Holland geblieben!"

Da hörte der Polizist zu fluchen auf, fiel in einen Lehnstuhl hinein und sagte auf Holländisch: „O Holland, mein liebes altes Holland. Wo ist das Paket?"

„Das Paket?", fragte Hein ratlos. „Welches Paket?"

Und Pieter, der sich mit einem riesigen Taschentuch das Gesicht abtupfte, fragte ebenfalls: „Welches Paket?"
„Das erklär' ich Ihnen sofort", antwortete mit matter Stimme der Polizist. „Erst brauche ich eine Schüssel kaltes Wasser."
Erst als Pieter ihm kaltes Wasser gebracht und er sich damit ausführlich das Gesicht gespült hatte, ließ er sich zu einer Antwort herbei. Er sagte: „Ich habe auf dieses Schiff ein Paket für meinen alten Vater gebracht. Ein Weihnachtspaket. Mein Vater wohnt nämlich in Amsterdam. Als ich hörte, dass eine holländische Schaluppe am Kai liegt, bin ich gleich hergekommen um das Paket mitzugeben. Aber den ganzen Tag lang kam niemand an Bord."
„Weil wir mit einem Papagei zu tun hatten", sagte Pieter.
„Mit einem Papagei?", fragte leicht befremdet der Polizist. „Soso. Jedenfalls habe ich am Ende das Paket an den Mast gebunden. Ich hatte Angst, sie könnten morgen in aller Frühe schon nach Holland zurücksegeln, Mijnheeren. Und für diese gute Sohnestat haben Sie mich auf das Deck niedergestreckt."
„Das müssen Sie verstehen, Mijnheer", sagte Hein. „Wenn ein Fremder bei Dunkelheit auf ein fremdes Schiff steigt..."
„Schon gut", unterbrach der Polizist ihn. „Aber wo ist das Paket?"
„Das baumelt sicher noch am Mast", sagte Hein. Er fügte, als der Polizist sich erheben wollte, hinzu: „Bleiben Sie sitzen. Ich bringe das Paket in die Kajüte." Hein holte aus der Kombüse eine Lampe, stieg damit über die Leiter an Deck und kam kurz danach mit dem Paket zurück in die Kajüte, in der der Polizist sich jetzt mit beiden Händen den Kopf hielt, während Pieter ihm ein Glas Grog hinschob und sagte: „Trinken Sie. Grog hilft immer."

Und nun, da das Weihnachtspaket wohlbehalten in der Kajüte lag und der Polizist alles erklärt hatte, trank er vorsichtig ein wenig Grog, wischte sich mit dem Handrücken seinen Schnurrbart trocken und sagte: „Ein guter Grog kann wirklich Wunder tun. Trotzdem, Mijnheer, muss ich ein Protokoll aufnehmen. Sie haben eine Amtsperson tätlich angegriffen."
Seine Rechte fuhr in eine Brusttasche um Papier und Stift herauszuholen; aber Hein legte ihm eine Hand auf die Schulter und sagte: „Was wir angegriffen haben, Mijnheer, war ein Schatten, der sich bei Dunkelheit auf unser Schiff geschlichen hat. Dass es sich dabei um eine Amtsperson gehandelt hat, haben wir erst erkannt, als Sie auf Deck lagen."
„Wir waren ja auch noch aufgeregt wegen des Papageis", sagte Pieter.
„Und was für ein verdammter Papagei ist das?", fragte ein bisschen ärgerlich der Polizist.
„Ach", seufzte Pieter, „das ist eine lange Geschichte." Und dann erzählte er, während die drei Männer in Abständen Grog zu sich nahmen, wieder einmal seine Geschichte, die langsam immer länger wurde: Er erzählte, wie die arme Leentje nach dem Tod ihres sprechenden Papageis so krank geworden und wie Doktor van der Tholen deshalb zu ihr gekommen sei; er berichtete von der Fahrt über den Kanal; er schilderte den jungen Herrn vom Piccadilly-Platz, der sie zu den Vogelhändlern gebracht und am Ende beklaut habe; er erzählte von dem Gespräch mit dem indonesischen Vogelhändler, berichtete, wie der kleine Tony aus Surinam sie zur Witwe Doktor Wimsleys gebracht und wie die Witwe ihnen drei Pfund geschenkt habe.
„Und nun", sagte Pieter zum Schluss, „haben wir sechs Pfund, aber keinen Papagei."

Der Polizist, der vor Rührung, Grog und Schädelweh Tränen in den Augen hatte, seufzte, sagte aber dann: „Ich werde dafür sorgen, dass Sie mit einem Papagei nach Holland zurückreisen können. So wahr ich Johnny van den Heuvel heiße."
„Van den Heuvel?", fragte Hein und bot dem Polizisten sein Taschentuch zum Tränentrocknen an. „Haben Sie Verwandte in Volendam?"
Der Polizist nickte, während er sich die Tränen trocknete, und sagte: „In Volendam lebt Onkel Adriaan, ein Bruder meines Vater."
„Adriaan, der Säufer!", riefen Hein und Pieter gleichzeitig. Und Pieter fügte hinzu: „Der olle Saufkopp, wegen dem ich hier bin."
„Wieso sind Sie wegen meines Onkels Adriaan in London?", fragte, jetzt trockenen Auges, der Polizist. „Sie sind doch wegen des Papageis hier."
„Sind wir auch", sagte Hein. „Aber auch wegen Ihres Onkels Adriaan. Erklär' du ihm das, Pieter. Ich mach' inzwischen frische Grogs."
Da erzählte Pieter, während Hein Grogs machte, wie Doktor van der Tholen gedroht hat, Adriaan den Säufer über den Kanal zu schicken und wie deshalb er, Pieter, habe fahren müssen. „Denn der liebe Onkel Adriaan", sagte er zum Schluss, „der hätte ja das Kaufgeld in Rum und in Genever angelegt."
Johnny, der Polizist, seufzte wieder und sagte: „Ach ja, mein Onkel Adriaan." Dann aber fügte er mit fester Stimme hinzu: „Den Papagei, den soll das Mädchen haben, so wahr ich Johnny van den Heuvel heiße. Ich habe eine Idee."
„Und welche?", fragte Hein, der gerade mit frischen Grogs in die Kajüte kam.

„Sie müssen wetten", sagte Johnny, der Polizist. „Morgen früh, Mijnheeren, findet nicht weit von hier ein Hahnenkampf statt. Wer Sieger wird, steht jetzt schon fest. Es wird nämlich geschummelt werden. Fragen Sie mich nicht, woher ich das weiß und weshalb ich nichts dagegen unternehme. Die Polizei muss manches Mal ein Auge zudrücken. Ich denke, Sie verstehen, was ich meine."
Hein und Pieter nickten.
Dann tranken alle drei vom Grog und der Polizist erklärte, wo und wann seine neuen Freunde am folgenden Tag wetten sollten. „Der Sieger", sagte er zum Schluss, „heißt Jay Gee, nach den Anfangsbuchstaben eines berühmten Hähnezüchters. Setzen Sie morgen Ihre sechs Pfund auf diesen Hahn und Sie werden fünf sprechende Papageien kaufen können. Prost!"
Wieder tranken die drei vom Grog. Wieder wurden neue Grogs bereitet. Und als der Morgen neblig über die Themse herankroch, lagen drei grogschwere schnarchende Männer malerisch verteilt in der Kajüte herum; Hein lag auf dem Sofa, die Beine auf dem Tisch, Pieter lag unter dem Tisch, und Johnny, der Polizist, hing quer über dem Lehnstuhl und schnarchte, dass die Wände dröhnten.
Erst als auf dem Schiff neben ihnen die große Glocke zu ringeln begann, erwachten sie mit schweren Köpfen, erhoben sich stöhnend und leicht schwankend und hielten sich die Schädel fest – aus Angst, sie könnten zerspringen. „Potzzuckerrumundgrognochmal, nie wieder will ich ein Glas Grog anrühren!", fluchte Hein. Und Pieter sagte: „Im Grog, da steckt der Teufel drin."
Nur Johnny, der Polizist, sagte nichts. Statt dessen ging er in die Kombüse und machte Kaffee.

Die Wette

Eine Stunde später verließen drei Männer, die sich bei starkem Kaffee wieder halbwegs von ihrem Rausch erholt hatten, die Schaluppe „Marie von Volendam“ und gingen langsam, Schritt vor Schritt und Hand in Hand, stadteinwärts; denn London war, wie oft im Herbst und Winter, in dicken grauen Nebel eingehüllt.
So gingen sie wohl eine halbe Stunde. Dann stießen sie an eine hölzerne Wand und fanden, sich an dem Holz entlangtastend, den Eingang zu dem Hahnenkampftheater.
Hier sagte Johnny, der Polizist: „Frisch hinein, Mijnheeren. Und nicht vergessen auf Jay Gee zu setzen. Viel Glück. Ich komm' heut Abend wieder auf das Schiff. Jetzt muss ich heim zu meiner Frau, die sicher schon vor Unruhe halb krank ist.“
Der Polizist verschwand im Nebel, als hätte er sich aufgelöst. Pieter und Hein aber traten ein in ein erleuchtetes hölzernes Rundtheater mit Bänken, die in Stufen anstiegen. Hier setzten sie, dem Polizisten blind vertrauend, all ihr Geld auf den Hahn Jay Gee. Dann setzten sie sich selbst erwartungsvoll auf eine Bank.
Als sie aber im sandbestreuten Rund unter sich die Züchter oder die Besitzer der Hähne sahen, die ihren Tieren scharfe sichelförmige Sporen anschnallten, da wurde es den beiden, die nie einen Hahnenkampf gesehen hatten, mulmig im Gemüt.
Als dann gar, mit vier Hähnen gleichzeitig, der Hahnenkampf begann, mit Federn, die um die kämpfenden Tiere herumwirbelten, und mit Blutstropfen, die in den Sand spritzten, da wurden beide blass und guckten weg.

Nun kann man aber schlecht eine ganze Stunde lang zur Seite gucken, wenn all die schreienden und gestikulierenden Leute ringsum gebannt hinunter auf den Kampfplatz gucken. So schaute Pieter denn nach einer Weile wieder hin; und just in diesem Augenblick sank ein blutender Hahn tot in den Sand.

Da wurde dem Pieter so übel, dass er hinausgehen musste. „Ich warte draußen auf dich", flüsterte er Hein zu. Dann ging er, leicht schwankend, aber diesmal nicht vom Grog, wieder hinaus in den Nebel, lehnte sich hier an die Holzwand und wartete, während drinnen die Menge weiter schrie und tobte, auf den Ausgang des Kampfes.

Er musste länger als eine Stunde warten. Und er wartete, trotz des kalten Nebels, der ihm bis in die Knochen zu dringen schien; denn keine zehn Pferde hätten vermocht ihn wieder hineinzuholen ins hölzerne Rund zu dem blutigen Spiel.

Als der Kampf dann endlich beendet war und die Zuschauer nach draußen drängten, konnte Pieter aus dem Geplappere entnehmen, dass der Hahn Jay Gee gewonnen hatte. Und als Hein mit einer Gruppe von Leuten aus dem Eingang herausgeschwemmt wurde, bestätigte er den Ausgang des Kampfes. „Unser Hahn hat gewonnen“, sagte er. „Was meinst du, wie viel Geld ich hier in meiner Tasche habe?“ Er klopfte auf eine nicht sichtbare Hosentasche unter dem blauen Rock.
Pieter zuckte mit den Schultern und sagte: „Zwanzig Pfund.“
„Mehr“, sagte Hein.
„Dreißig Pfund?“
„Mehr.“
„Noch mehr?“, fragte Pieter erstaunt.
„Etwa vierzig Pfund?“
„Mehr!“
„Du lieber Himmel, noch mehr?“, fragte Pieter.
„Etwa fünfzig Pfund?“
„Mehr!“, trompetete Hein.
„Sechzig Pfund?“ Pieter fragte es mit ganz leiser Stimme. Hein aber antwortete laut und strahlend: „Ja, wir haben sechzig Pfund gewonnen, genug um drei sprechende Papageien kaufen zu können.“
„Aber drei arme Hähne mussten dafür sterben?“, sagte Pieter. Dann fragte er: „Und wie kommen wir bei so dickem Nebel zu den Vogelhändlern?“
„Mit diesem Hansom“, antwortete Hein und zeigte auf eine zweirädrige Pferdedroschke, die – vorn durch zwei Petroleumlaternen matt erleuchtet – auf sie zugeklappert kam. Wirklich brachte die Droschke sie durch den dicken Nebel in die Gegend der Brauereien und hier zu dem indonesischen Händler.

Der rief, als er die beiden Segelschiffer sah: „Da sind Sie ja, Mijnheeren! Haben Sie das Geld?"
„Potznebelundkalteknochennochmal, wir haben es tatsächlich!", rief Hein. Dann wandte er sich an Pieter und sagte: „Ich zahle. Kümmere du dich um den Vogel." Dann zahlte er dem Händler die verlangten vierzehn Pfund aus seiner Hosentasche.
Pieter aber ging zu Annetje, der Papageienfrau, die ihm, als er ihr Kettchen vom Klettergestell gelöst hatte, gleich auf die linke Schulter flatterte und krächzend und anscheinend fröhlich ausrief: „Ich bin verkauft! Ich bin verkauft! Ich bin verkauft!"
Dann, nachdem der Händler sich von der Papageienfrau mit einem Klaps auf ihren Rücken verabschiedet und den Segelschiffern gute Heimreise gewünscht hatte, fuhren Hein und Pieter mit dem Hansom, der auf sie gewartet hatte, in die feine teure Regentenstraße und kauften für das Geld, das Hein noch in der Hosentasche hatte, Weihnachtsgeschenke ein: Puppen und Zinnsoldaten für Nichten und Neffen, ein großes buntes Bilderbuch über die englische Königin für Leentje, ein dickes wollenes Umschlagtuch für Leentjes Mutter, einen glänzenden Klappzylinder für Doktor van der Tholen, blankes Kupfergeschirr für Pieters Frau, und für Heins alte Freundin, die immer so fror, eine warme schottische Decke mit einem Muster in Rot und Braun. Zum Schluss kauften sie in einer Tierhandlung noch Futter für die Papageienfrau, die dabei von Pieters Schulter aus krächzte: „Das mag Annetje gern! Das mag Annetje gern!"
Nach diesem großen Einkauf, bei dem das gewonnene Geld merklich zusammenschmolz, ließen sich Hein und Pieter an den Hafen fahren, zahlten den Kutscher gut und kletterten,

beladen mit Paketen und sich durch den immer noch dicken Nebel tastend, über das Segelschiff hinüber auf ihre Schaluppe. Annetje, die Papageienfrau, rief dabei fröhlich krächzend aus: „Ahoi, ahoi, jetzt geht's auf See!"
Am Abend kam Johnny van den Heuvel, der Polizist, sie besuchen, beglückwünschte sie zum Gewinn beim Hahnenkampf und bewunderte die schöne Papageienfrau, die ihm zurief: „Eins, zwei, drei, Polizei. Vier, fünf, sechs, Tintenklecks."
Diesmal trank Johnny nur zwei Glas Grog mit Hein und Pieter. Dann verließ er das Schiff wieder und sagte zum Abschied: „Hoffentlich ist der Nebel morgen weg. Ich wünsche eine gute Fahrt nach Amsterdam!"
Annetje, die es sich inzwischen auf einer Messingstange in der Kajüte bequem gemacht hatte, wiederholte. „... gute Fahrt nach Amsterdam!" Und sie fügte hinzu „Schiff ahoi!" Dann gähnte sie, steckte den Kopf in ihre Federn und schlief, gewiegt vom Wasser, das im Dunkel an der Bordwand gluckste, friedlich ein.

3. Der lange Weg nach Amsterdam

Über den Kanal

Am nächsten Morgen war das Wetter in London umgeschlagen. Während Hein und Pieter noch in ihren Kojen schnarchten, war Annetje, die Papageienfrau, schon wach. Sie blickte durch das Bullauge auf das Wasser der Themse; und dieser Blick regte sie, schien es, mächtig auf; denn kurz darauf weckte ein Krächzen aus der Kajüte die zwei Segelschiffer. In lautem Ton rief es: „Der Nebel ist weg! Der Nebel ist weg!"

Natürlich sprangen Hein und Pieter bei der Nachricht, ebenso aufgeregt wie Annetje, aus ihren Kojen. Hein stieß dabei mit seinem Kopf an die Kojendecke und holte sich trotz seines dicken Haarschopfs eine Beule, und Pieter verknackste sich den rechten Knöchel, als er aus der Koje sprang. Trotzdem sagten beide beim Frühstück, Hein mit einem nassen Tuch über der Beule, Pieter mit einem nassen Tuch um den Knöchel: „Wir haben Glück. Das Wetter ist gut. Und Weihnachten sind wir zu Hause."

Da plötzlich dröhnte es raustimmig aus dem Innern der Kajüte:„Potzsegelschiffundamsterdamnochmal,wo bleibt mein Frühstück? Und wann geht es endlich auf See?"

Nun lachten die zwei Segelschiffer, brachten dem Vogel Futter und auch Wasser und setzten dann die Segel für die Fahrt nach Haus.

Obwohl der Nebel nun zum Glück verschwunden war, war es zum Unglück für das Schiff der Ostwind, der ihn weggepustet hatte. Und Ostwind, das bedeutete: Sie mussten gegen den Wind ansegeln, in Zickzackbahnen.

„Potzostwindundkanalnochmal, das hat uns gerade noch

gefehlt!", fluchte Hein. Und Annetje, die Papageienfrau, die Pieter in das Steuerhaus an Deck geholt hatte, wiederholte: „Potzostwindundkanalnochmal, gerade noch gefehlt!"
Aber die Fahrt themseabwärts mit dem ablaufenden Wasser schafften sie trotzdem bis zum späten Nachmittag. Die Sonne war inzwischen schon hinter Wellenbergen versunken und das raue Wasser des Kanals schüttelte das Schiff so, dass Annetje im Steuerhäuschen entsetzt ausrief: „Die Welt geht unter! Die Welt geht unter!"
Da lachten die zwei Segelschiffer und Pieter rief: „Warte nur, bis wir mitten im Kanal sind. Da wirst du dein blaues Wunder erleben, potzsturmundnachtundmastnochmal!"
Annetje wiederholte mit bibbernder Stimme: „Potz...sturm ...und...nacht...und...mast...noch mal!"
Dann schwieg sie, legte den Kopf schief, beobachtete mit einem Knopfauge den heftig hin- und herpendelnden Mast und rief schließlich: „Annetje möchte in Kajüte! Annetje möchte in Kajüte!"
Während der folgenden Nacht, die stürmisch war und in der für die beiden Segelschiffer an Schlaf nicht zu denken war, fand auch Annetje, die wieder auf der Messingstange in der Kajüte saß, keinen Schlaf. Brach eine Welle sich gegen die Bordwand, zuckte sie zusammen. Hörte sie einen Brecher auf das Deck donnern und das Wasser schäumend ablaufen, bibberte sie. Knallte das Segeltuch einmal, sträubten sich ihre Federn. Und neigte das Schiff sich bedenklich zur Seite, flatterte sie auf und krächzte jammernd: „Armes Annetje, armes Annetje, alles ist aus, alles ist aus!"
Aber nach Nacht und Sturm und Meeresgraus schien endlich doch das Licht des Tages wieder. Doch beschien es, als Annetje aus dem Bullauge hinausguckte, nur dunkelgraues wild

bewegtes Wasser und schwere schwarze Wolken. Nirgends war Land oder auch nur ein Vogel zu sehen.
„Was wird aus uns? Was wird aus uns?“, jammerte die Papageienfrau. Vor lauter Angst und Aufregung vergaß sie sogar das Frühstück und war ganz erstaunt, als Pieter ihr gegen Mittag, als der Wind umgeschlagen war, Futter und frisches Wasser brachte.
„Jetzt haben wir den Winterwind im Nacken“, sagte Pieter fröhlich. „Aber wir müssen schnell an die Küste. Es sieht so aus, als käme ein Orkan. Wir segeln deshalb nach Zeebrügge.“
„Zeebrügge?“, fragte Annetje. „In Belgien?“
„Ja“, sagte Pieter. „Zeebrügge gehört zum frisch gebackenen Königreich Belgien. Da hast du Recht. Und bald wirst du Zeebrügge sehen, Mädchen.“
Danach ging Pieter wieder an Deck und Annetje futterte und nahm auch Wasser zu sich, während das Schiff vom Westwind flott der belgischen Küste entgegengetrieben wurde, wellenauf, wellenab, aber viel schneller als in der vorangegangenen Nacht.
Bevor die Sonne unterging, war schon, wenn eine Welle das Schiff hob, am Horizont die belgische Küste zu sehen, wenn auch nur als ein dunkler Strich; aber erst in der Frühe des folgenden Tages, als Himmel und Meer Atem zu holen schienen und Pieter murmelte: „Die Stille vor dem Sturm“, erst da lief die „Marie von Volendam“ im winzigen Hafen von Zeebrügge ein, das damals noch ein kleiner Küstenflecken war. Innerhalb einer L-förmigen Mole machten Hein und Pieter das Schiff an Pollern fest und legten sich dann hundemüde schlafen, während das Tageslicht noch auf sich warten ließ.

Bevor es aber Tag wurde, erschien an Deck des Schiffes jemand anders, nämlich Missjöh Pullain, ein Zollbeamter aus der belgischen Hauptstadt Brüssel, der sich im winzigen Zeebrügge langweilte und froh war, wenn er etwas zu verzollen hatte, und sei es in der kalten Frühe und vor Sonnenaufgang.
Dieser Missjöh Pullain bestieg, da er nachtsichtig war, ganz ohne Umstände das Schiff, läutete die Schiffsglocke und lauschte, ob sich jemand rege.
Tatsächlich regte sich jemand; denn aus dem Schiffsinneren fluchte es: „Potzseemannsschlafundküstenschippereinochmal, was ist denn jetzt schon wieder los?“ Und eine merkwürdig krächzende Stimme wiederholte: „...seemannsschlaf...und...küstenschipperei...noch mal, denn jetzt schon wieder los?“
Da rief Missjöh Pullain mit dünner Stimme in Französisch: „Hier ist die Zollabfertigung!“
Wenig später wackelte ein Licht die Schiffstreppe herauf, und als der Schein des Lichtes näher kam und heller wurde, sah Missjöh Poullain einen strubbeligen roten Haarschopf zum Vorschein kommen und danach, blinzelnd und gähnend, Hein, den Segelschiffer, mit einer Laterne in der Hand.
„Was'n los?“, brummelte Hein missgelaunt.
„Hier ist die Zollabfertigung“, wiederholte Missjöh Pullain auf Französisch. Dann, als er merkte, dass Hein ihn nicht verstand, wiederholte er seine Antwort in dem Holländisch, das in Belgien gesprochen wird, nämlich in Flämisch. Nun verstand der verschlafene Hein endlich, um was es ging, und Pieter, der womöglich noch verschlafener als Hein die Treppe heraufgetappt kam, verstand es ebenfalls und fragte entgeistert: „Zollabfertigung? Mitten in der Nacht?“

„Im neu gegründeten Königreich Belgien", sagte Hein und hängte die Laterne an einen Nagel, „will man uns zeigen, dass man früh aufsteht. Stimmt's, Herr Zollkapitän?"
Missjöh Poullain, ein kleiner Herr, der jetzt auf seinen Zehen wippte, überhörte die Bemerkung, stellte sich als Zolloberinspektor Henri Pierre Poullain vor und fragte: „Was haben Sie zu verzollen, Mijnheeren?"
„Nur Weihnachtsgeschenke", sagte Hein und gähnte. „Sie sind nicht der Rede wert."
„Das wird sich zeigen", sagte spitz Missjöh Poullain. „Zählen Sie mir die Weihnachtsgeschenke auf."
„Da ist zuerst einmal der Papagei", sagte Pieter, wobei er sich in seine kalten Hände warmen Atem blies.
„Ein Papagei?", fragte Missjöh Poullain entsetzt, und Hein stieß Pieter heimlich mit dem Knie in dessen Hintern, weil er so dumm gewesen war, den Papagei als Geschenk zu deklarieren.
Missjöh Poullain aber wiederholte, immer noch entsetzt: „Ein Papagei? Lesen Sie denn keine Zeitung, Mijnheeren? Wissen Sie etwa nicht, dass in Europa die Papageienkrankheit grassiert? Haben Sie eine Gesundheitsbescheinigung für diesen Papagei? Ist er geimpft?"
Jetzt wurde es den beiden Segelschiffern wieder einmal mulmig im Gemüt; denn von der Papageienkrankheit hatten sie noch nie etwas gehört. Und ob der Papagei geimpft war, wussten beide nicht.
So luden sie, da es an Deck des Schiffes lausig kalt war, Missjöh Poullain erst einmal in die Kajüte ein, in der die rasch entzündeten Petroleumlampen ein kleines bisschen Wärme spendeten und in der auch das strittige Zollobjekt, die Papageienfrau, zu sehen war.

Und hier in der Kajüte stellte sich heraus, dass Annetje, die Papageienfrau, Französisch sprechen konnte. Als hier nämlich Missjöh Poullain nach der Gesundheitsplombe fragte, krächzte Annetje: „Parläh franzäh! Parläh franzäh!"
Nun fing ein endloses französisches Palaver zwischen Zoll und Vogel an, von dem Pieter und Hein so gut wie nichts verstanden, und schließlich stellte sich Missjöh Poullain, auf seinen Zehenspitzen wippend, neben Annetje, sagte in seinem Französisch: „Gestatten, Madame", pustete unter dem linken Flügel vorsichtig in ihr Federkleid, schob mit spitzen Fingern ein paar Federn behutsam beiseite und zeigte Hein und Pieter triumphierend ein rundes Stückchen Blei in Siegelform, eine Plombe der englischen Gesundheitsbehörde, auf der im Kreis zu lesen stand, der Vogel sei staatlich geimpft. Da staunten die zwei Segelschiffer. Da lächelte der Zollbeamte

amtlich überlegen. Und Annetje, die Papageienfrau, rief: „Sprachen muss man können. Sprachen muss man können.“ Danach luden Pieter und Hein Missjöh Poullain zu Tee mit Rum ein. Doch diesen Tee tranken sie kaum zur Hälfte aus; denn als sie ihre Tassen noch am Mund hatten, gab's einen Knall und danach klirrte und schepperte es an Deck. Annetje kreischte: „Das ist der Orkan! Das ist ganz sicher der Orkan!“ Und Annetje hatte Recht: Die erste Bö, die den Orkan ankündigte, hatte die Laterne, die Hein am Steuerhaus an einen Nagel gehängt hatte, auf das Deck geschleudert; und nun kam in peitschenden Stößen schon der Orkan über das Meer heran. Das Wasser fing zu kochen an und das Schiff, obwohl es im Windschatten hinter der Molenmauer lag, wurde zum Spielball der Wellen.

Drinnen in der Kajüte klammerte Annetje sich jetzt kreischend an die wild hin- und herpendelnde Deckenlampe, und Missjöh Poullain lag zusammengerollt in einer Kajütenecke, hielt sich an zwei Sofabeinen fest und murmelte französische Gebete. Hein und Pieter aber zogen sich, so gut es ging, im schwankenden Schiff ihr Ölzeug über, turnten – sich überall am Körper blaue Flecken holend – mühsam an Deck, vertäuten, sich duckend gegen den heftigen heulenden Sturm, das Schiff doppelt und dreifach an den Pollern und ließen, zusätzlich zu den Bällen aus zusammengeflochtenen Tauen, vier Rettungsringe zwischen Bordwand und Mole von der Reling herab, damit das Schiff sich an der Mauer nicht kaputtstieße.

Als dann der Tag, ein düsterer, dunkelgrauer Tag, kam – Gischt flockte und Schaum sprühte über Schiff und Mole –, lag die „Marie von Volendam“ halbwegs gesichert in dem kleinen Hafen. Nun erst wagten Hein und Pieter es, das

Schiff zu verlassen und die nur noch matt plappernde Papageienfrau und den bleichen Missjöh Pullain vom Deck auf die Mole zu lotsen.
Von der gischtübersprühten Mole gingen sie dann, gegen den Sturm ankämpfend, zu dem Haus Missjöh Poullains, in dem eine kleine rundliche Madame in Nachthaube und Morgenmantel sie empfing und ihnen bald darauf ein gemütlich dampfendes Frühstück mit Kaffee und Speckeiern servierte.
Während dieses Frühstücks, das Wind und Wasser heulendschäumend instrumentierten, erholte Annetje sich auf einer kleinen nachgemachten griechischen Säule langsam von der Aufregung, und Pieter erzählte wieder einmal die immer länger werdende Geschichte von dem kranken Mädchen, von Doktor van der Tholen, von der Fahrt nach London und von all dem, was dann geschehen war.

Heimwärts

In Amsterdam saß zu der gleichen Zeit, umgeben von geblümten Kissen, Leentje in ihrem Bett und sagte zu Josine, ihrer Puppe: „Wenn Weihnachten kommt, ist Jantje wieder da. Und Weihnachten ist überübermorgen."

Leentjes Mutter, die in der Küche stand und ihre Tochter reden hörte, aber zugleich den Braus des Sturms vernahm, murmelte, schon ganz erschöpft vor lauter Angst, das Mädchen könne Weihnachten enttäuscht werden: „Es war nicht klug von Doktor van der Tholen, Leentje so einfach einen sprechenden Papagei zu versprechen. Was tun wir denn, wenn er nicht kommt?"

Auch Doktor van der Tholen selber sagte, als er ein wenig später in das Haus kam: „Was, Mevrouw Visser, tun wir, wenn der Papagei nicht kommt? Was hab' ich da bloß angerichtet? Einem kranken Mädchen verspreche ich einen Papagei, von dem ich nicht weiß, ob er kommt, und zwei Seeleute schicke ich bei solchem Wetter über den Kanal, ohne zu wissen, ob sie heil zurückkommen. Mein Gott, wär' doch das Schiff schon da."

Aber das Segelschiff, das den ersehnten Papageien bringen sollte, die „Marie von Volendam", lag immer noch, sicher vertäut, aber von Meer und Wind gebeutelt, in Zeebrügge und lag den ganzen einundzwanzigsten Dezember und auch die folgende Nacht noch dort; denn der Orkan flaute nicht ab.

Würde das Schiff bis Weihnachten in Amsterdam sein? Die Segelschiffer, Hein und Pieter, wussten es nicht. Sie wussten nur, dass sie am folgenden Tage weiterfahren wollten. Und

diese Weiterfahrt schafften sie auch. Es gelang ihnen an diesem zweiundzwanzigsten Dezember, trotz widriger Winde, an der Insel Walcheren vorbeizusegeln und über Nacht in einem Fluss zu ankern, nämlich in der Osterschelde.
Dann kam der dreiundzwanzigste Dezember, ein Sturmtag, an dem Annetje erklärte, sie habe von der Seefahrt nun genug und werde, da sie ja ein Vogel sei, allein nach Amsterdam zu Leentje fliegen. Aber darüber lachten die zwei Segelschiffer nur, und Annetje, die ja ein Menschenpapagei und keine flugerfahrene Taube war, verzichtete dann auch nicht ungern auf den Flug und hockte wieder einmal auf der Messingstange der Kajüte, als die „Marie von Volendam" nach Rotterdam fuhr, wo sie bei Nacht im Hafen bleiben musste, weil Hein und Pieter einiges zu reparieren hatten.
Dann endlich kam der vierundzwanzigste Dezember, der Tag, an dem in vielen Ländern, wenn's Abend wird, die Lichterbäume strahlen, der große Gaben- und Geschenketag.
Leentje in Amsterdam fieberte an diesem Morgen. Sie war so aufgeregt, dass ihr Mutter ein Beruhigungspülverchen in den Milchkakao mischte, wobei sie wieder einmal murmelte: „Hoffentlich geht alles gut."
Doktor van der Tholen saß an diesem Tag, nicht weit entfernt von Amsterdam, im schmalen Haus gleich hinterm Deich in Volendam bei Pieters Frau und betete, obwohl er ein Freigeist war:
„Du lieber Gott, falls es dich wirklich gibt, dann bring die Schiffer und den Vogel rechtzeitig hierher."
Die Schiffer und die Papageienfrau aber waren schon auf dem Wasser unterwegs; doch wieder einmal mussten sie sehr hart am Winde kreuzen, weil ihnen der Nordwest entgegenstand.

Tea

Hein und Pieter hatten alle Hände voll zu tun, um mit und gegen Wind und Wasser ihren Kurs zu halten. Sie wollten unbedingt an diesem Tag noch Volendam erreichen, wo Doktor van der Tholen inzwischen bei der dritten Kanne Tee saß und Pieters Frau, die sonst so ruhig war, den ganzen Tag lang schon nervös mit ihren Fingern spielte.
Und sei es nun, dass das Gebet geholfen hatte, sei es, dass Hein und Pieter gute Schiffer waren: Das Segelschiff kam langsam, aber unaufhaltsam bis zu der Einfahrt in das Ijsselmeer.
Hier aber, wo das Schiff gefährlich wenden musste, brachte Hein Annetje vom Steuerhaus wieder hinab in die Kajüte und sagte: „Jetzt wird's brenzlig, Mädchen. Halt dich gut fest an deiner Messingstange."
Und was Hein damit meinte, sollte Annetje nur gar zu bald erfahren; denn plötzlich gab es knallende Geräusche von den Segeln, es polterte an Deck, die Flüche Heins wurden immer lauter und länger und dann legte das Schiff sich, ächzend in allen Fugen, so stark auf die Seite, dass alles, was in der Kajüte lose war, scheppernd am Boden rollte und eine Schublade aus der Kommode herausrutschte und ihren Inhalt ausspie, als ob sie seekrank wäre.
„Potzächzundknallundkrachnochmal!", schrie Annetje und rettete sich wieder auf die hin- und herschwingende Hängelampe. „Jetzt gehen wir kurz vor dem Heimathafen doch noch unter."
Aber der Untergang, den Annetje in ihrer Angst voraussagte, fand zum Glück nicht statt; denn als das Segelschiff die Einfahrt in das Ijsselmeer geschafft hatte, da flog es förmlich, vom Nordwind getrieben, nach Süden seinem Heimathafen zu.

Und dort, im Heimathafen Volendam, kam wenig später schon ein Reiter auf dem Deich angeritten und rief: „Sie sind gesichtet. Hein und Pieter kommen. Aber ein Papagei ist nicht dabei."
Dem alten Doktor van der Tholen sank, wie man so sagt, das Herz in die Hose, als er diese Nachricht hörte. In dicken Pelz gehüllt, war er einer der Ersten, die im Windschatten der Häuser auf dem Deich standen und Ausschau hielten nach dem Segelschiff. Hier murmelte er: „Was mach' ich, wenn sie keinen Papagei mitbringen?" Und je mehr Leute sich auf dem Deich versammelten, um so unruhiger wurde er.
Dann kam das Segelschiff endlich in Sicht. Unter den Leuten auf dem Deich gab es Bewegung. Und der dicke Mijnheer Bakker, der neben Doktor van der Tholen stand und durch ein Fernglas guckte, sagte: „Ein Papagei ist wirklich nicht dabei."
„Darf ich mal?", fragte Doktor van der Tholen ihn. Er bekam das Glas, blickte hindurch und suchte das Segelschiff mit seinen Augen ab. Aber auch er sah keinen Papagei. So gab er das Fernglas dankend zurück, murmelte: „Alles war umsonst", und wollte sich gerade vom Deich zurückziehen, als Mijnheer Bakker plötzlich ausrief: „Doktor, Doktor! Da kommt etwas sehr Buntes mit dem Hein an Deck. Gucken Sie noch einmal. Vielleicht ist das der Papagei."
Da griff der Arzt rasch wieder nach dem Fernglas, suchte im Glas das Segelschiff, fand es, stellte das Glas ein wenig schärfer ein und schrie dann, selig wie ein Kind: „Ja, Mijnheer Bakker, ja, das ist der Papagei!"
Die Leute auf dem Deich sahen ihn lächelnd an; denn alle kannten längst die Geschichte von dem kranken Mädchen. Es wunderte auch niemand, dass der Doktor, nachdem das

Segelschiff im Hafen lag, trotz seines Alters gleich der Erste an Deck war und ohne Umschweife fragte: „Kann der Vogel sprechen?“
Bevor Hein und Pieter ihm eine Antwort geben konnten, rief Annetje mit schiefgelegtem Kopf: „Potzvolendamundijsselmeernochmal, wenn ich dieses verdammte Schiff endlich verlassen kann, dann werd' ich reden wie ein Wasserfall.“
Die Leute auf dem Deich, die Annetje verstanden hatten, lachten.
Und Doktor van der Tholen lachte auch und rief ihr zu: „Herzlich willkommen in Volendam!“ Dann erst begrüßte er Hein und Pieter, die er ganz gegen seine Gewohnheit umarmte, wobei er ausrief: „Bin ich froh, dass ihr's geschafft habt!“
Bald darauf zog ein kleiner Trupp vom Schiff ins schmale Haus hinter dem Deich: Pieter und Hein beladen mit Geschenken, der Doktor mit der Papageienfrau auf seiner

Schulter, und Freunde und Nachbarn, die einfach neugierig waren.
Was in dem Haus geschah, das lässt sich denken: Geschenke wurden ausgepackt und mit viel „ah“ und „oh“ bewundert, Hein und Pieter mussten erzählen, bis sie sich fast die Lippen wund geredet hatten, Annetje, die von Schulter zu Schulter flatterte, musste von der Schiffsreise erzählen und Pieters Frau musste ununterbrochen frischen Tee aufgießen.
Als die Kirchenglocken zum Weihnachtsgottesdienst einluden, lief alles wie erschreckte Ameisen durcheinander, weil man vergessen hatte sich zum Kirchgang umzukleiden.
Doktor van der Tholen aber rief, als er die Kirchenglocken hörte: „Du lieber Gott, da sitz' und schwatz' ich hier herum, als wüsste ich mit meiner Zeit nichts anzufangen, und Leentje, unsere Hauptperson, erwartet ihren Papagei.
Los, Annetje, schnell in die Kutsche! Und, Pieter, gib mir die Geschenke! Verdammt noch mal, wir haben Eile!“

Von Volendam nach Amsterdam

Schon wenig später fuhr die Kutsche Doktor van der Tholens mit dem Arzt und Annetje, die eingehüllt in eine Decke war, in Richtung Amsterdam. Bei dieser Fahrt erklärte Doktor van der Tholen Annetje, dass Leentje noch um ihren toten Jantje traure. „Deshalb ist es vielleicht am besten", sagte er, „du gibst dich für seine Schwester aus."

„Ich tue alles, was Sie wünschen", versicherte Annetje, „wenn ich nur nicht auf das verdammte Schiff zurück muss."

Kurz darauf fuhren sie rasselnd ein in Amsterdam. Hier standen Weihnachtsbäume unter Gaslaternen, zwar ohne

Kerzenlicht, weil es so windig war, aber mit goldenem Glitzerzeug behangen. Manch einer spiegelte sich beim Laternenlicht im Wasser seiner Gracht. Die Luft war kalt und klar, und Doktor van der Tholen meinte schnuppernd: „Ich glaube fast, es liegt Schnee in der Luft."
„Dann gibt es eine weiße Weihnacht", sagte Annetje. „Das wäre schön." Dann bog der Wagen in die Heerengracht ein und Doktor van der Tholen sagte: „Gleich, Annetje, sind wir an Ort und Stelle. Das helle Fenster dort, ganz oben unter dem Giebel, das ist das Fenster zu dem Zimmer Leentjes. Und jetzt müssen wir halten. Brrr!"
Die Pferde hielten an, der Arzt machte den Schlag des Wagens auf, band die Pferde an einen Pfahl am Grachtenufer und rief: „So, Annetje, jetzt komm!" Da flatterte Annetje ihm, nachdem sie sich aus der Decke herausgewurstelt hatte, auf die linke Schulter.
In diesem Augenblick hörten die beiden über sich einen erstickten Schrei. Als sie die Köpfe hoben, sahen sie eine Frau mit offenem Mund auf sie niederblicken. Sie lehnte sich aus dem obersten Fenster heraus, winkte ganz kurz und schloss das Fenster wieder.
„Das war wohl Leentjes Mutter", sagte Annetje.
„Ja", sagte der Arzt. „Sie kommt uns auf der Treppe sicherlich entgegen. Gehen wir ins Haus."
Der Arzt erstieg die Stufen, die zur Haustür hinaufführten, und in eben diesem Augenblick begann – als wäre es ein vorbereiteter Theaterzauber – vom Himmel Schnee zu rieseln, feiner, weißer Schnee, der aber bald in dickere Flocken überging.
Da krächzte Annetje vergnügt: „Jetzt gibt es wirklich eine weiße Weihnacht. Darüber wird sich Leentje freuen."

„Zuerst aber wird sie sich über dich freuen“, sagte der Arzt und lächelte. Dann öffnete er die Tür und trat mit Annetje auf der Schulter ein ins Haus. Auf seinem Hut lag schon ein wenig Schnee.
Die Gaslampen im Treppenhaus gaben nur trübes Licht. So sahen die zwei anfangs nicht, wer da hörbar die Treppe herunterkam. Auf halber Treppe aber sahen sie, dass es, wie Doktor van der Tholen es vorausgesagt hatte, Leentjes Mutter war. Sie war – man sah es an den roten Flecken auf ihren

Wangen – sehr aufgeregt und fragte mit vor Aufregung piepsiger Stimme: „Das ist er also. Kann er sprechen?"
„Ich bin kein Er", antwortete Annetje von der Schulter des Doktors. „Ich bin eine Sie. Und heiße Annetje. Und selbstverständlich kann ich sprechen."
„Sie spricht!", rief Leentjes Mutter. Dann fing sie an zu schluchzen, versuchte das Schluchzen zu unterdrücken, schluchzte dadurch aber nur noch mehr und fiel am Ende dem zusammenzuckenden Doktor um den Hals, der ihr den Rücken tätschelte und beruhigend sagte: „Warum denn weinen, Mevrouw Visser, da Sie doch Grund zur Freude haben?"
„Ich weine ja vor Freude", sagte Leentjes Mutter. Sie wischte sich die Tränen aus den Augen, schluckte noch einmal und sagte dann: „Gehn wir hinauf zu Leentje. Ich glaube, sie ist noch aufgeregter als ich."
Sie stiegen also die Treppe weiter hinauf, und als sie oben waren, öffnete Doktor van der Tholen leise und langsam eine grün gestrichene Tür, die gleich ins Zimmer führte.
Im Zimmer leuchtete ein Weihnachtsbaum. An seinen Zweigen hingen rote Äpfel. Leentje saß steif im Bett wie ihre Puppe neben ihr. Ihre Wangen glühten, ihre Augen brannten. Doktor van der Tholen in der Tür zögerte, als er Leentje so sitzen sah. Er war verlegen.
Annetje aber, die Papageienfrau, flatterte von des Doktors Schulter einfach auf das Bett, stellte sich mit gerecktem Kopf auf dem geblümten Federbett vor Leentje hin und krächzte: „Da bin ich, Leentje, frisch aus London angekommen. Ich heiße Annetje. Recht schönen Gruß von meinem Bruder Jantje. Und jetzt, potzweihnachtsbaumundwinterschneenochmal, darfst du mich auf den Schnabel küssen. Da!"
Sie hielt gesenkten Kopfes ihren Schnabel hin und Leentje,

die Annetje mit großen Augen angesehen hatte, beugte sich vor, küsste gespitzten Mundes Annetjes Schnabel, umarmte den Vogel vorsichtig und fragt dann: „Bleibst du jetzt immer hier?"
„Ja, immer, potzfederkleidundpapageienschnabelnochmal", antwortete Annetje.
Und da – die Mutter und der Arzt sahen es ganz erschrocken – da hüpfte Leentje, ihre Bettdecke zur Seite schleudernd, einfach aus dem Bett, ließ sich von Annetje, die dabei erschrocken aufgeflogen war und sie umflatterte, nicht beirren und tanzte auf dem Bettvorleger herum, wobei sie mit leicht überkippender Stimme ausrief: „Jetzt habe ich…jetzt habe ich…einen Weihnachtspapagei!"
Nun endlich traten Leentjes Mutter und der Doktor in das Zimmer ein, nicht wissend, ob sie lachen oder weinen sollten, bis Doktor van der Tholen schließlich rief: „Der Papagei hat sie gesund gemacht. Wahrhaftig! Jetzt aber, Leentje, marsch zurück ins Bett! Sonst gibt es einen Rückfall."
Dann schloss er, während ein seliges Leentje in das Bett zurückkroch und Annetje erschöpft auf ein geblümtes Kissen plumpste, sacht die Tür. Und wer nun wissen will, wie die Geschichte weiterging, dem kann ich mitteilen, dass sie erfreulich weiterging.
Leentje und Annetje wurden bald dicke Freunde und fuhren oft, als Leentje ganz gesund war, in Doktor van der Tholens Kutsche nach Volendam, wo Hein und Pieter von der Fahrt nach London noch immer Staunenswertes zu berichten wussten.
Auch das Paket von Johnny van den Heuvel, dem Londoner Polizisten, kam, um das schließlich auch noch zu erwähnen, richtig bei dessen altem Vater an.

Und dieser Vater ist wichtig für unsere Geschichte; denn er hat sie vor vielen, vielen Jahren in Amsterdam meinem Urgroßvater erzählt.

Tipps und Anregungen

① **Für Lesedetektive**

Auf welchen Seiten stehen diese Flüche:

- Potzlackaffeundzwanzigpfundnochmal!
- Potzstraßenundgassengewinkelnochmal!
- Potzächzundknallundkrachnochmal!
- Potzweihnachtsbaumundwinterschneenochmal!
- Kreuzloraundpapageinochmal!
- Potzhefebierundmalznochmal!

(Auflösung siehe unten)

② **Eine Geschichte von früher**

- Im letzten Satz des Buches schreibt der Erzähler, dass die Geschichte in früherer Zeit spielt. An welchen Stellen der Geschichte hast du das gemerkt? Schreibe es auf, schreibe auch die Seitenzahl zu deinen „Beweisen" auf.
- Auf Seite 45 und Seite 47 gibt es einen Hinweis darauf, wann die Geschichte spielt. In einem großen Lexikon findest du unter dem Stichwort „Belgien" vielleicht sogar die Jahreszahl.
- Etwas in der Geschichte ist bestimmt gelogen. Was wohl?

③ **Die Geschichte spielt in drei Ländern**

- Suche auf einer Landkarte oder in einem Atlas die Orte, wo die Geschichte spielt.
- Zeichne eine Karte mit allen Orten der Geschichte. Schreibe immer in einem Satz dazu, was hier geschehen ist.

Seiten, auf denen die Flüche stehen: 21, 26, 54, 61, 23, 15